rot kat en rot rat

Selma Noort
Tekeningen van Harmen van Straaten

Zwijsen

rot rat

in dit boek zie je rat.
rat ligt bij kat op de mat.
rat is niet best.
rat is een rot rat.
lees maar wat hij doet.

wat doen we eens, kat?
doe je met mij mee?
kom, ik pak de vaas.
en jij pakt ook iets.
pas op, daar gaan we.

hop pats!
daar valt de vaas van de kast.
dag vaas en dag bloem.
en dat is heel erg.
want die vaas is van jet!
wat een rot rat!

rot kat

in dit boek zie je kat ook.
kat ligt bij rat op de mat.
kat is niet best.
kat is een rot kat.
lees maar wat hij doet.

ik doe met je mee, rat.
ik doe ook iets naars.
ik trap het hout weg.
het ligt daar bij de bijl.
kom op, daar gaan we.

boem bons!
daar rolt al het hout.
het ligt hier en het ligt daar.
en dat is heus niet leuk.
want dat hout is van jet!
wat een rot kat.

rat maakt een gat.

kijk, daar is rat.
hij zit in de sok met de roos.
hij knaagt daar en hij bijt.
je ziet de punt van zijn neus.
rat maakt een groot gat in de wol!

dat moet rat niet doen met die sok.
want daar moet nog een voet in.
mmm, ik vreet, roept rat.
en wol smaakt wel, kat.
wist je dat?

hap bijt!
rat bijt de sok stuk.
wie kan die sok nog aan?
dus geen sok met een roos voor jet.
want die sok is van jet!
wat is dat stom, rat!

mis, geen vis!

nou mag ik, zegt kat.
kat sluipt naar vis.
vis zwemt om en om in zijn kom.
haa, ik kom er aan, vis.
zwem dan weg als je kan!

kats poot is al nat.
snel kijkt kat naar rat.
zie je mij wel, rat?
grrrr ik slok vis op.
ik ben gek op vis.

duik spat!
oo, oo, nu ziet vis kat.
en vis is heus niet dom.
snel neemt hij een duik in de kom.
want vis is van jet!
wat een duik, vis!

rat pest muis

rat sluipt naar muis.
muis woont in een bak van glas.
snurk, snurk, muis slaapt net.
rat kruipt en sluipt naar muis toe.
hij kijkt door het glas.

boe, ik ben een spook.
ik eet je op, muis.
kijk mij met mijn bek gek.
hee, zie je mijn lol snoet?
doe je het al in je broek?

poe nou!
ik zie je heus wel, rot rat.
je bent een pest kop.
muis trekt ook een bek naar rat.
want muis is van jet.
wat een mop, muis!

kat mept aap

kat zoekt, hij wil ook wat.
wat moet er een mep, rat?
want ik voel me een rot kat.
haa, daar ligt wat in de hoek.
daar ligt net wat ik zoek!

aap ligt hier.
en aap mag vast vaak een kus.
want jet slaapt met aap.
hee rat, zie je dat?
die kus aap krijgt een mep van mij!

mep pats!
hop, nog een mep voor aap.
aap valt op zijn snuit.
rot kat, is het nou uit!
want aap is van jet!
wat erg, aap!

rat jat koek

rat klimt in de kast.
hee kat, hier ligt koek in.
ik jat een koek voor ons.
ben je ook gek op koek?
ik eet er wel zes!

wat is jat en hoe doe je dat?
nou kijk, jat dat is steel.
dus als je jat, dan steel je wat.
ik jat een koek uit de kast.
en die eet ik nog op ook.

kraak smak!
mmm, die koek smaakt best.
ik jat en ik steel.
en zo is het maar net.
want die koek is van jet!
wat een jat rat!

dat was dat

hee hoo, wat moet dat hier!
oeps, rat valt van de kast.
woeps, kat stoot zijn kop!
help, daar is jet, kat.
pas op, daar is jet, rat.

boem, rat knalt tegen aap.
pats, kat valt op zijn kin.
uit de weg, uit de weg!
ik moet naar de deur, kat!
ik zoek naar de deur, rat!

kssst weg!
daar vliegt rat het huis uit.
en daar vliegt kat het huis uit.
nou, dag kat en dag rat!
want dit huis … is van jet!
en dat was dat.

Raketjes bij kern 5 van Veilig leren lezen

1. saar en saar
Ben Kuipers en Helen van Vliet
Na veertien weken leesonderwijs

3. ik en mijn berg
Femke Dekkers en
Dorus Brekelmans
Na zestien weken leesonderwijs

2. rot kat en rot rat
Selma Noort en
Harmen van Straaten
Na vijtien weken leesonderwijs

ISBN 90.276.7826.x
NUR 287
1e druk 2004

© 2004 Tekst: Selma Noort
Illustraties: Harmen van Straaten
Uitgeverij Zwijsen Algemeen B.V. Tilburg

Voor België:
Zwijsen-Infoboek, Meerhout
D/2004/1919/515